AF186844

Buch Cover Frank Rolf Josef Pöhlmann

12. Buch eines Erdenengels

„Seelen - Entfaltung eines Erdenengels"

22 in der 11 11   in der 22

20:02 Sich im anderen zukünftig wahr-nehmen♥ Spiegelreflektion der Liebe zueinander♥

Im Miteinander *EinzSein*; Kreative Lösungen werden gefunden & positiv umgesetzt! Das Beste für Alle Beteiligten♥

11 in 22

121

22:22

In innerer

„GeWissenHeit" mit dir & deiner SeelenLiebe im EinKlang

Einz Sein♥

11 : 22

**Es nimmt seinen
Lauf im Miteinander
von Seele zu Seele
Seelen ~ Dialoge auf
höchster Ebene
finden nun statt♥
JA** **Liebe**

Sei du dein Glück!

Erfülle dir deine Wünsche &
Bedürfnisse wohl 🤍

Er-Fülle DICH!

Komme nun in deine goldene
Mitte und fühle dich in dir
angekommen ...

IN DIR SEIN 🤍

Heute in meinem Kaffeecreamer
einen Elefanten entdeckt mit
wunderschönem weißen Rüssel ...

Und da heute am 23.02.2018 in
der 18 dem Mond im Gefühl!!

Glück ist das Symbol, was dem
Elefanten zugeschrieben wird und
ihn auf seinem Weg begleitet.

Gefühle frei werden er-lösen ...

Siehst du einen Elefanten, dann wird das "Glück" bei dir im Gefühl sein!

Heute am 23 Tag im Mond der 18 achten wir besonders auf unsere Gefühle, denn sie leiten dich wie einen Navigator auf deinen Weg des Glücks ♥

Öffne dich deinen Gefühlen auf deinen Weg zum Glück ♥

Auch möchte dir der Elefant mit-teilen, das du immer in dir

"sicher & geborgen"

bist und gut begleitet wirst von all dem Glücks-Gefühlen in DIR!

Lass diese Gefühle dich wohl umhüllen und dich voller

"GlücksGefühle"

in dir nun aufsteigen & somit frei
werden.

"Du bist dein Glück"

Du bist ein GlücksKind!!

*Der Elefant ist bei DIR 🩶

Alles Gute kommt mit Leichtigkeit und Freude zu mir; ich bin mein

GlücksKind♥

10:10 🤍 10:11

*Bilderquelle - bixabay

Priorität „Neu" kreiert!

Heute sind wir wieder voll & ganz in der MeisterZahl "11″ in 2018 in der 11 unterwegs …

11

Im *Einz* sein mit sich und der WELT in 2018

11.02.2018 / 15

Alt-Lasten, alte Verpflichtungen sind zu schweren Ketten im Sein der Seele geworden … möchten nun gelöst werden.

Nimm sie dir selbst von den Schultern, der Last - Lasten, die DU mit dir viele Jahre rumgeschleppt hast …

Natürlich sind wir Alle
"Verpflichtungen eingegangen
durch:

Heirat

Vaterschaft

Mutterschaft

Beruflich

Haus

Kredite

Wege, für die wir UNS ent-
schieden haben …

Göttliches Timing!!

Wenn DU heute aufgebracht bist, dann ist das kein Wunder in der heutigen **16 im Turm**!

Heute am 11 Tag werden wir UNSERER GEFÜHLE sehr bewusst, da im Turm der 16 Alles in Aufwühlung - Bewegung ist.

Altes - Vergangenes kommt hoch will gefühlt - angesehen werden.

Träume zeigen UNS die Schatten auf …

…. decken diese auf und bringen sie ans **TagesLicht**; es darf heilen!!

Die einstige Stabilität ist nun
aufgelöst, damit **DU** dir ein aus
vielen Erfahrungen der letzten
Jahre, Neues, besseres Fundament
bildest!

Fahle Kompromisse werden ver-
Abschied-ed und dürfen in
Leichtigkeit gehen.

Die Basis aus den **Ur-Wurzeln**
ist da und es gilt nun in 2018
NEUES gerade jetzt auch im
März dem Frühling wachsen &
gedeihen zu lassen.

Alles hat einen Anfang …
und auch ein Ende aus Alten
er-wächst NEUES!

11 ~ MeisterSchaft

*Lass es geschehen, damit
DU in der SEELE gut
wachsen kannst.*

*13 : 03 Abschied und
NeuBeginn im
WachsTum*

Neues Spiel ~ Neues Glück für
dich & Alle daran Beteiligten!!

Es bleibt spannend und was zusammengehört wächst zusammen; Schicksalshaft!!

0 - Schwung und Leichtigkeit bringen Alles gut in Bewegung / Verstärkung!

EINZ - Ich liebe mICH & Ich liebe dICH

#1

Ich bin

Ich bin die Nummer EINZ

2 - Zusammen Einz werden - ZweiSamKeit er-leben

3 - wachsen und gedeihen, vor allem im Herzen & SeelenRuf!

4 - Stabilität erreichen, Königin und König spiegeln sich im Volke wieder

5 - Hoch-Zeit , Entwicklung findet auf Allen Ebenen statt - hat stattgefunden, der wahren Berufung folgen.

6 - JA zum … Liebenden - Ich strebe nach der VollEndung

7 - Spirituelles Wachstum - Öffnung - Ver-TRAUEN & MUT - Wahrhaftigkeit leben!!

8 - Materie - Basis - GrundBedürfnisse leben - Stabilität durch WERTIGKEIT

9 - Innere Licht leuchten die Schatten aus - inneres Wachstum und großes Wissen manifestieren sich

10 - Alles ist im ständigen Wandel - Kreislauf - Schwinung - Energie - Fluss

Ich bin mit mir Einz geworden im Spiegel meiner Selbst erkenne ich mich wohl und lebe Alles in Maßen

10 - Schicksalshaft, das Rad dreht sich und Alles ist im ständigen Wandel

11 - Meisterschaft - mit Dir - deinem Gegenüber - der Welt

12 - Perspektivenwechsel - eine neue Sichtweise tut gut

13 : 00

Der Tod in der 13 ist unausweichlich und eröffnet dir als SEELE viel Neues an Erfahrungen - Neues Leben!

BeENDE-ung & NEU-ANFANG!!

Neues an ErfahrungsSchatz & WeisheitserWeiterung

14 - GleichKlang erwacht; es fließt

15 - Erlösung - Ketten lösen er-lösen sich aus der Blockade heraus

16 - AufLösung - Alte Krusten sprengen sich auf - weichen auf und heilen

17 - Folge deinem Stern und beginne in den Himmel zu blicken - Weite!

18 - GefühlsWelten werden neu definiert

19 - Innenschau - Schatten werden beleuchtet - Die Sonne scheint nun im Außen

20 - Gericht - Gerechtigkeit - es richtet sich gut aus für Alle Beteiligten

21 - Die Welt dreht sich wohl mit dir in dir und im miteinander rund werden

22 - Vom Ich zum DU ins WIR - SeelenVerschmelzung findet statt;

göttlich gewollt in der 11 / 2018
in der 11

11. Buch - Soul to Soul

"Seelen ~ Dialoge eines
Erdenengels"

Dir einen wunder-vollen Tag
voller Wunder!

Deine dich liebende Claire

*

*Der Weg ist das Ziel! –
Konfuzius**

*Praxis für
Psychotherapie*

Clarissa M. Seite

*Heilpraktikerin für
Psychotherapie[HeilprG]
Suchtberaterin
Mediale Psychologische
Lebensberatung /
Kartenlegungen*

*TAROT /
KIPPERKARTEN /
ENGEL / KRAFTTIERE
REIKI – Meisterin /
Lehrerin*

SCHREIBMEDIUM & SPRECHMEDIUM

Ver-PFLICHT-ungen … ganz klar!!

Nur, deine Zeit ist in der Ver-
Änderung angelangt und erfordert
neue Ziele - Wachstum der Seele
- Neue Weg, die du als SEELE
gehen musst um weiter zu
wachsen …

Ent-Wicklung eben!!

Bist du falsch ge-wickelt - musst
du dich neu-ent-wickeln!!

So ist das im Kreislauf deines
Lebens ..

"LEBENS-KREIS-LAUF"

JETZT ist die ZEIT gekommen in 2018 in der MeisterZahl

11 / 22

Prioritäten neu kreieren zu dürfen!

Die göttliche universelle Welt ~ Himmel auf Erden wünscht dir immer nur das Beste und das Beste für Alle Beteiligten und dazu gehört, dass es dir im SEIN

WOHL ~ erGEHT!

Deine Wünsche & Bedürfnisse dürfen nicht zu kurz kommen!

Du bist keine Maschine die nur den *Ver-PFLICHT-ungen* nachkommen muss aufgrund der

Erziehung - Dogmen -
Vorstellungen anderer / Eltern -
Geschwister - Verwandten!!

NEIN!!

Es ist dein **wunder-volles**
LEBEN durch den göttlichen
Funken geschenkt aus purer Liebe
& dem göttlichen Licht ins Leben
geboren …

Du bist ein Kind Gottes

Dein Bestes für DICH voller
Liebe - Licht -
WunschErfüllungen auf ganzer
Linie …

Was wünscht DU dir …

Nach was sehnst DU dich …

Erlaube es dir mit dem göttlichen
Segen für DICH auf ALL deinen
WEGEN!!

Die Engel und Alle göttlichen
Seelen wünschen dir nun einen
….

wundervollen **WEG** voller
WUNDER

freuen sich über deinen Mut &
TatKraft im SchöpferDASEIN

Love & Light & Joy

Deine dich liebende Claire

*

11 : 11

Entfaltung im Seelen ~Dialog als 11 in der höchsten Anbindung in 2018 von Seele 🖤

Seele in der MeisterZahl werden sich die Energien total neu ordnen auf einer neuen Ebene des Bewusst-Sein von männlich ~ weiblich & weiblich ~ männlich im

"EINZ SEIN" 🖤

"11"

11 Öffne nun das Tor zu deinem Herzen 🖤 11

Heilung geschieht Jetzt♥

"SeelenDialog"

12 : 22 Alles nimmt einen guten Ausgang für Dich & Alle

Beteiligten♥

Jetzt 🤍

Heute am 12 Tag löst
sich das Starre ~
Sehen durch

PerspektivenWechse
l

ParadigmenWechsel

12♥ auf!
🤍

**Über den _"TellerRand"_ sehen
bewirkt Wunder ...**

13:13 Das Ende wird deutlich gefühlt & bewusst wahrgenommen; einverleibt♥

Achte auf den Ruf deiner Seele, denn dein Herz vernimmt den Ruf und wünscht sich Liebe & Licht ...

AllZeit ♥

14 GefühlsWelten!

Heute ganz besonders eintauchen - auftauchen & neu er-fühlen!!

14 ~ Mäßigkeiten im Fühlen / Denken & Handeln in Balance!

Liebe ist ...

VerÄnderung & NeuBeginn zugleich 🩶

"AscherMittwoch" ~ "ValentinsTag"

14

Schönen herzlichen Tag voller Liebe & Licht im Ausgleich

wünscht DIR deine Claire 🩶

15 : 05 - 15 : 15

Jeder für sich darf sich
nun als alten Ver-
Strickungen lösen;
SeelenLiebe ist so
stark, dass es anders
gar nicht geht!
Es gehen beide
gemeinsam auch
wenn getrennt in die
Hoch~Zeit♥
SeelenDialoge finden
heute permanent
statt♥

16

16 : 06

Liebe ist Göttliche Energie

&

Du bist aus dieser göttlichen Liebe entstanden♥

JA, es ist Liebe mit deinen LieblingsMensch

17

WIR folgen wir dem unglaublichen Gefühl und spüren diese Energien, die UNS über uns hinaus wachsen lassen!
Ver-Traue deinem Bauch-Gefühl und folge dem Impulse, denn DU liegst genau richtig 🤍

Folge deinem Stern!

17

"magic is in the air"
Can you feel the
force♥
open up now♥

18

Als ich ~ Claire,
verstand mich selbst
zu lieben ... kam ich
den Universum sooo
nah wie nie zuvor in
meinem Leben♥ ... zu
Gott!! 2018 / 11

Zum Anfang, fang an ~
lasst los ~schöpfe neu
~ ver-gebe & liebe!
Öffne dich für deinen
HerzensWeg JETZT♥

*

19

Die Mauern in der 16
(Turmmauern stürzen ein im
Tarot #16) sind heute gefallen;
die Krusten brechen auf und die
Sonne bricht nun völlig durch!

In deine Situation kommt Klarheit
rein ...

Ich weiß nicht, wie es euch heute
erging / ergeht ...

Permanente Zahlenfolgen seit
heute Nacht
1:01
3:03
6:06
7:07

Dann Autokennzeichen mit OK 111
Dann Autokennzeichen gleich 222

Dann Radiolieb folgend ... 1000 Mal berührt, 1000 mal ist nichts passiert ...

11:11
12:12
13:13
14:14
16:16

Kein Witz!!

Und eine schöne Begegnung voller Freude in meinem Herzen!

So berührt, dass ich völlig baff
bin

Hab sogar ein Winken erhalten ...
DANKE HIMMEL!

*Das war göttlich geführt und
gewollt*
Deine Dich liebende Claire

21

Heute in der 21 tanzt du deinen perfekten Tanz♥

Alles ist unter einem guten Stern♥

*

22

22 : 19

stehen sich nun
gegenüber und
ergreifen & wagen

den Blick in die jeweiligen Seelen ~ Kommunikation♥ Liebe ist unendlich!

22 in 2018 in der 11

Heute in der **"22"** geht es um folgendes...

Als ich kurz vor MitterNacht ins Bett ging, ging ich an meinen singenden Engel vorbei und berührte ihn ...

HOSIANNA ... kam als Antwort und ich wusste, es ging um

Jesus ...

"Ho si an na" in der Höhe kam als zweites und in zwei Tagen ist ja auch Weihnachten ....

Abendmahl?

Also googelte ich dieses Wort auf Wiki und siehe da....

Gebetsruf, Freudenruf.
"Hosianna, gelobet sei der Herr!"

Heute Nacht wachte ich spontan auf und nun sah ich auf die Uhr um genau 2:12 und dachte mir gleich spontan - ahhhh, was wollen mir die Engelchen sagen ...

Zwei im Miteinander
"Einz"
~ in der Zwei zusammen sein♥ ...

kam gleich spontan als **Antwort!**

41

Also,

"Zusammen im Miteinander Einz sein"

Wundervoll & voller Wunder eben und auch gerade jetzt in den RauhNächten zur Weihnacht und in das neue Jahr gleiten ...

Ich habe gestern Nach noch mit Weihrauch die Zimmer gesegnet und das Alte darf dem Neuen weichen

In diesem Sinne meine geliebten Seelen♥

Heue in der **22** ganz besonders im Miteinander **Einz** sein das im gemeinsamen **zusammen sein** 🩶

🩶 🩶 🩶

"Aus Angst vor Entscheidungen halten die meisten Menschen an einem Leben fest, das ihnen gar nicht gefällt.

♥ ♥ ♥

22

Nun kann ich DIR endlich mein Herz schenken, es regelrecht verschwenden, da ich mich nun, nach langer Suche, mich selbst in der Liebe zu mir gefunden habe 🖤

22 🖤 11

"Ich liebe mICH & Ich liebe dICH"

Meine HerzLogig hat sich verbunden ~ ist verschmolzen ~ regelrecht in ein ander geströmt, jetzt wo ich mich erkannt habe in der "Mäßigkeit (#14 im Tarot) in der Balance im Fluss von Oben & **Unten ~ Himmel & Erde ~ Männlichen & Weiblichen ...**

Jetzt! bin ich EINZ mit mir geworden um in der ZWEI in der EINZ

Du & Ich ein WIR zu gestalten!

Ich teile nun meine Liebe mit Dir
Somit kann es sich um ein
vielfaches ent-falten und
tausendfach zurück kommen♥,
um dann wieder im Kreislauf des
Mit-ein-ander SEINS als
Resonans von Ursache &
Wirkung göttlich im Licht der
Liebe zu er-strahlen ♥

JA, ich liebe dich nun aus
ganzem Herzen ...

Ich habe mein **HERZ** gefunden!

*Meine SEELE hat sie mir
gereicht♥*

22 ~ 22
Göttliches Timing

bestimmt den Schritt
in die VollEndung♥
Liebe ist die höchste
Kraft♥

Maskenfall

Herz & Herz♥

Ich schenke mein....

Herz & meine Liebe

DIR&MIR♥

111 - 111

Wir werden immer von höheren Mächten der liebevollen **Engel** in der Liebe & Licht begleitet!

Unser „*Bewusst-Sein*" darf sich dem nun immer mehr in 2018 / in der Meisterschaft der 11 öffnen!!

11:11 Jetzt sind WIR in der Meisterschaft & gelangen in die Stabilität der vier Einsen♥ Zwei im *Spiegel*♥

11  *11*

11:10 Alles ist gut; die Engel arbeiten fleißig an einer liebevollen Lösung - Ein Tag voller Wunder eben 🩶

111♥

*

Tagesbotschaft am 20 Tag im Jänner des MeisterJahres Amor in 2018 in der Meisterzahl 11

"Seelen~Dialoge"

Heute kommt es zur Bestimmung durch die 20 im Gericht! in der hl. 14!

2+0+0+1+2+0+1+8 / 14 in der Mäßigkeit; dem Ausgleich ...

Zwischen oben, dem göttlichen Gericht / Bestimmung deiner Seele &dem irdischen Gericht / Bestimmung deiner Selbst im Herzen!!!

Ein wahrlicher **MeisterAKT** in **2018** im **AmorJahr der 11 als Meisterzahl!**

Zwei Individuen in der Eins gehen in ein Miteinander der Zwei, um **EINZ**

"11"

zu werden 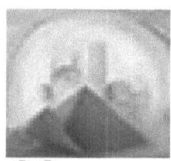 Herzlichen Glückwunsch, es ist göttlich gewollt &

JA, es ist LIEBE 💜

Deine dich liebende Claire 💜

💜**Es kommt zum Ausgleich in der heutigen Energie! Göttliche Fügung stellt sich gewollt &**

bewusst nun ein♥

JA, es ist

111 ~ 222♥

♥

**Göttliche Fügungen
stellen sich nun ein im
VenusJahr**

"Seelen~Dialoge" 🩶
eines Erdenengels"

1*2* : *2*1
Eins sein in der Zwei

= EINZ

22 : 11
**Mit großen Schritten
geht es nun in die
MeisterSchaft!**

111 ~ 222♥

01.01. 2018 in der 11!

11 11

Viermal die Einz im AllEINZSEIN

„
We are all travelers of the universe; this time on earth ~ have a great time now in 2018♥ 11"

🩶 🩶

Wir *be-freien* UNS noch einmal so richtig vom alten Schmutz unserer selbst auferlegten Mauern - Be-Schränkungen - Ein-Schränkungen und öffnen unsere Arme für das LICHT & LIEBE♥

Mit UNS - IN UNS & um UNS
herum ♥ ♥ ♥

So sei es und so darf es nun sein!

Es ist göttlich gewollt, denn das
Wunder steht vor unserer Tür in
der inneren ***"Begeisterung"***
unserem Bewusstem Sein in uns
nach Außen zu erstrahlen.

**"Die sanften Wellen der ersten
FrühlingsZüge** tragen uns
liebevoll aus dem ***RückZug
hinaus in das NEUE♥"***

Endlich ist soweit in 2018 in der
MeisterZahl 11 er-leben wir UNS
auf völlig neue Art & Weiße ...

Die Seele ruft und zeigt **UNS** den
Weg zum wahren Selbst er-
leben!!

JA, sag JA zu deinem Weg der Liebe & Licht!

Lebe dich Frei von all den über Jahrtausenden falsch auferlegten DOGMEN - GLAUBENSKonstrukten irgendwelcher MACHT-HABER - BesserWISSER - GUTGläubigen - MEISTER und was es sonst noch an Quack-QuackSalbern -Quacksapperern so um UNS herum gibt.

DU hast Alles in DIR - all das göttliche WISSEN von LICHT!

Ying & Yang, du kennst das wahre Maß ...

Lausche einfach in Dich hinein und lebe deine ***BeGeisterung*** auf ein NEUES ~ GUTE aus!!!

DU kennst immer deine WAHR - HEIT und DU bist immer dann WAHR-HAFTIG, wenn du deinem wahren Gefühl in dir folgst ...

Du kennst deine WAHRHEIT und niemand sonst ... 🩶

Alles andere sind nur persönliche oder konditionierte sogenannte **GoodWill MEINUNGEN** ... um einen ZWECK zu er-füllen, meist die eines ANDEREN!

... MACHT-HABERS!!!

DU bist dein wahrer Meister ~ Meisterin

DU bist dein wahrer König ~ Königin

&

DU bist dein göttlicher Funke im Kinde Gottes ~ Universum

Universellem Wissen deiner SELBST♥

Liebe & Lebe dich und sei Du das Licht - die Liebe und der Frieden den DU im Außen sehen wünscht.

"Alles ist gut angelegt in deiner Welt - in DIR 🩶

!"Ich liebe mICH & Ich liebe dICH"

So sei es nun in 2018 der neuen Ära deines Selbst-Erkennen

"Erkenne dich Selbst

&

Alles in Maßen"

Sie du deine Balance!!

💜 *"Balance gut halten"*

Achte auf die innere wie äußere Balance von Allem was ist, gibst & empfängst, dann bist DU mit Dir gut aufgehoben!

Alles ist Einz♥

Alles ist Klar und wird im Sein sein!

Fühlst du es bereits in DIR♥

Kreislauf von Vergangenheit - Gegenward & Zukunft fließt im

"All - Einz - Sein"

Kreativ - Schöpfen durch die Ur-Kraft deiner Seele gerade jetzt …

12.12. 12 12
Eins im ZweiSein in der EinzWerdung durch das im Fluss der Bewegung im Mit-ein-Ander anerkennen und sehen können.

"Schöpfe aus den himmlischen Botschaften; folge deinem Stern"

Das *AUGE GOTTES!*

Ein sehr starkes Symbol, was über Jahrtausende schon wirkt & oft in Kirchen - Bilgerstätten & sogar auf der Dollarnote als das Symbol für in

"God we trust"

verwendet wird!!

Heute in der Tagesbotschaft am 30.12.2017 / im Turm der 16

sind schon wie so oft auch im *HinBlick auf Religionen - Glaubenssätzen* nicht nur in der Ideologie - Theologie und unter anderem in vielen anderen sogenannten "MachenSchaften" dieses Symbol auch oft missbraucht wurde und wird.

EinSturtz - EinBruch -
Zusammenfall in der 16 im Turm
kann das neue Wachstum erst und
gerade dann erneut fördern, in der
Tageszahl heute am 30.12.!

Altes geht / Neues kommt.

Das Auge Gottes zeigt UNS
immer den WEG zu UNS selbst
...

Dein inneres LICHT zeigt dir
ganz genau den WEG zu DIR und
somit zu deiner WELT, in der DU
lebst.

Du bist dein Meister all dessen,
was DU bist ... "ICH BIN"

Was symbolisiert eigentlich das
"Dreieck / Trilogie" der drei
Ecken; *Pyramiden als das*
Symbol mit dem AUGE in der
Mitte all dem!?

"Licht & Liebe"

Immer da, nimm es bewusst an
und lebe diese höchsten
Qualitäten all dessen was **DU**
tatsächlich bist.

Einst die HOCH-STÄTTE an
KULTUR in Ägypten, mussten
auch diese, wie die Mayakultur
oder schon weit vorher Atlantis
damals und wie auch heute
weichen, da zuviel
<u>MachtAnspruch und IrrGLAUBE</u>
den Wünschen & Willen Gottes
in der Balance nicht stimmig mit
dem göttlichen Fluss immer
wieder damals wie heute verläuft

*Sein Wille geschehe; nicht dein
Wille geschehe ...*

Was heißt das genau?

Wenn ich als göttliches Wesen im Einklang mit dem Kreislauf der *NaturGesetze* lebe, im "Nehmen & Geben" und immer wieder auf "Ausgleich" bedacht bin im großem System des Kollektive, dann reguliert sich der *AUSGLEICH* von selbst wie als Vergleich in einem **NaturVOLK,** dass nur so viel nimmt, wie es tatsächlich braucht und im *WOHLSEIN* tatsächlich zu existieren!

Wie der goldene Nektar im Paradies 🩶

Wenn wir es schaffen, uns im *"Fluss des Lebens"* mit zubewegen, dann kann gleichsame Schwingung entstehen und der *Rhythmus* im universellen *"EnergieFluss"* fließen.

Die Natur bringt zu Fall, was als StörFaktur für *UnGleichGewicht* sorgt.

Unser Bewusstes SEIN ist nun gefordert & wird UNS letzten Endes die LÖSUNG er-bringen, aus der Not dessen was sein wird.

Ein *ZusammenBruch*, der wieder vieles im neuen Licht erscheinen lässt und die Möglichkeit vom NEUEN entstehen lässt.

Öffne deine *"HERZLOGIG"* und du bist auf den richtigen WEG!

IN DIR lebt das *göttliche Licht & die göttliche Liebe und somit weicht dein Ego von Macht & Gier und erlässt diese im Sein von Allen was ist, im "ALLEINZSEIN" was du schon immer warst ...*

SEIN!

Öffne Dich für diese Weisheit
und es wird dir an nichts
mangeln!!

Gott - das Göttliche - das
Universelle LICHT & LIEBE
sind immer da ... in DIR!

*

"ANKH - altägyptisches Symbol des Lebens"

Du hälst den *Schlüssel* zu neuem werden & vergehen bereits in der Hand deiner Möglichkeiten!

"Alles ist immer möglich"

Eröffne dir deine neuen Räume & Möglichkeiten ...
Eröffne dir deinen Raum und schenke dir dein Leben, wie DU dir es er-wünscht!

Gib den neuen Möglichkeiten deinen persönlichen Raum und erkenne, dass du frei bist, dass zu tun, was dir, deinem göttlichen Wesen entspricht!

Sprenge den eng gesteckten Rahmen durch deinen Schlüssel, den du von Anbeginn in dir trägst.

Erweitere deinen Rahmen für Dich selbst in dir selbst und werde wie das Universum selbst; entdecke die vielen Möglichkeiten, die sich in diesen unendlichen Weiten ergeben ...

Öffne dein Herz und sei dir deiner HerzensKraft nun bewusst, was du dir wünschst wird nun möglich!!

Lebe & Liebe aus ganzer Seele im *HerzensBewusstSein* ♥ aus

Jesus hat das Kreuz für UNS getragen, damit DU dich aus all diesen Dogmen befreist!!!

„Du bist ein Kind Gottes - dem göttlichen in dir mit dem Schlüssel in der Hand„ ...

Sperre den unendlichen Raum für "Alles ist Möglich" nun auf und gehe einen Schritt weiter ...

....weiter auf deinen Pfad des Glück-Licht-Sein!!!

<u>*Sei du dein Glück.*</u>

Etwas NEUES beginnt nun in deinem Leben zu wirken

Sag JA zu deinem Glück

*

DU BIST DEIN STERN!

Werde Licht-voll

Sei du dein Licht!
Sei du dein Stern!
Sei du dir klar und deinem
Gegenüber klar!

Raus aus Passivität
Raus aus Zweifel

Raus aus Tadel
Raus aus Blockaden
Raus aus Abhängigkeiten
Raus aus Co-Abhängigkeiten
Finanzen / Sucht / Verstrickung

Endlich ...

Raus aus Selbst-Zweifel - Selbst-
Entwertung - SelbstSchuld sein!!

<u>*dann ..*</u>

"es werde Licht"

Du bist ein liebevolles -
wertvolles - geliebtes Wesen /
Seele 🩶

SeelenHEIL werden♥

"Ich liebe dICH

&

Ich liebe mICH"

Alles Liebe Claire 🩶

DU bist die Essenz;
auf Erden als
SeelenStaub
entstanden 🩶

Du bist die #1 in deinem Leben;
pflege dich wohl und pflege
Mutter Erde wohl, damit
AllesEinzSein kann!

Voller "Licht & Liebe" eben 🩶

Nähre ~ Pflege ~ beSchütze

GEBEN & NEHMEN im EIN-KLANGsein 🤍

Frieden - Liebe - Licht mögen dein AllZeit ~ Begleiter sein!

Innen wie Außen

In der 16, dem Turm im Tarot werden wir, wenn wir es zulassen vom Blitz der Erkenntnis getroffen und stürzen UNS raus aus festgefahrenen Gewohnheiten, rein ins NEUE!

Die Fassade, an der Wir noch festhalten bröckelt und bricht zusammen, Zeit zu gehen und NEUES aufzubauen!

Am 13 Tag im TOD der großen Arkana im Tarot folgt der 13 unweigerlich *dem Impuls* ....

Es ist vorbei!

Nun können WIR neue Weg beschreiten; es zeigt sich UNS ...

 Clarissa M. Seite

www.theralupa.de
www.heil-verzeichnis.de
ClarissaSeite.Tumblr.com
You Tube: Clarissa M. Seite

"

Raus aus Desillusionierung & rein in die Erkenntnis, dass DU

dein Glückes
Schmied bist! Hast
du das erkannt, bist
Du Dir bewusst♥„

*ZEIT ist KOSTBAR
~ Deine LEBENS-
ZEIT!!*

*Sag JA zum JETZT
und lebe deinen
TRAUM!*

Nur wer wagt gewinnt sich voll
und ganz♥

Gehe in deine Kraft gerade heute
ein guter Tag am 13ten♥

ALTES darf nun in Liebe & Respekt gehen

&

NEUES darf nun in Liebe & Respekt kommen 🩶

RAUS aus der SELBST-Täuschung!!

DU reines göttliches Wesen – Seele

Einen wunder-vollen Guten Morgen Gruss an DICH du geliebte SEELE!

LASS NUN alles alte los …

Kontrolle - Glaubensätze - Wege

"OffenBarung" …

Folge dem göttlichen Ton,
der göttlichen Führung, der
göttlichen Hingabe deines inneren
Selbst - voller reinem Licht -
Frieden!

HERZ ~ SEELE

Bewusstes SEIN im

JETZT !!

*

Sei dir einer Herkunft bewusst,
du bist ein SternenKind Gottes
aus dem Wasser in der Erde nun
verbunden!

Du bist Licht & Liebe♥

Weisheit & Hingabe
begleiten dich *AllZeit!*

Lass den Wal in deiner Rück-Verbindung nun gerade heute bewusst wirken!

Zelebriere dein Sein im All-Einz-Sein!

Atme tief und lausche deinen ursprünglichen SeelenTöne voller höchster Schwingung!

Transformiere dich heute in den reinen Ursprung, der Quelle Allem Seins …

03.02.2018 / 16

Eins in der Einz sein
Lieben voller reinem Licht in der Sechs.

Transformation durch dein göttliches reines BewusstSeins

Löse dich nun aus all deinen Begrenzungen auf!!!

NEU-ANFANG von Raum & Zeit

TAGES-BOTSCHAFT

Die heutige Begegnung mit dem Wal als dein begleitendes KraftTier am heutigen dritten Tag!

nun geht es in die Ur-Rückverbindung am 03.02.2018 in der 16 dem Turm im Tarot!

Das Vergangene ist vergangen!

Es hat sich aufgelöst und wir dürfen uns wieder mit unserem ursprünglichen Sein verbinden!

So wie wir von Anfang an waren, als wir einst in der **Neu-"Geburt"** auf Erden kamen, so sind wir wunderschön!!

Erinnern wir UNS an uns, unserem ursprünglichem **WESEN ~ SEELE**, dass wir sind **Voller Liebe** ~ Licht ~ Freude ~ Wissbegierde ~ Erfahrungen sammeln ~ Neues Er-LEBEN dürfen

JETZT haben wir die neue Chance in 2018 in der 11 unserer **Meister-Schaft** mit **UNS** so zu gestalten, dass wir als das was wir schon immer waren, wieder werden …

"Göttlich"

… als Seelen im SeelenVerbund
unserer ursprünglichen
SchöpferKraft hinaus voller Mut
- Wille sich in die totale
Ent~Faltung zu bringen!

DU bist wunderbar und ein
großartiges WESEN!

Verbinde dich nun mit all
deinem Wissen im der *Ur-*
Sprünglichen göttlichen
SchöpferKraft deines wahren
Seins du geliebte Seele.

Lausche den Walen, sie haben
dir so viel zu erzählen.
Lausche deinem Herz, die Seele
spricht zu DIR.

1 ~ Eins sein mit Dir
6 ~ in die Verbundenheit durch
die **LiebesKraft** gehen

1+6 =7

7 ~ *Jetzt gehe ich mit all meinem angereichertem Wissen in eine neue Zeit / Ära meines DaSeins*

"Ich bin Liebe & Licht"

Alles Alte ist nun aufgelöst und ich bin bereit den Sprung in eine neue Dimension zu wagen!!

Deine dich liebende Claire

Wenn der Wal als Krafttier in dein Leben schwimmt!

Alles Alte ist nun aufgelöst und ich bin bereit den Sprung in eine neue Dimension zu wagen!!

<u>*Deine dich liebende Claire*</u>

Der Weg ist das Ziel! – Konfuzius*

Praxis für Psychotherapie

M. Seite

Clarissa Heilpraktikerin für Psychotherapie[HeilprG] Suchtberaterin Mediale Psychologische Lebensberatung / Kartenlegungen

TAROT / KIPPERKARTEN / ENGEL / KRAFTTIERE REIKI – Meisterin / Lehrerin

Liebe - ist immer göttlich gewollt!!

16 : 06

Liebe ist Göttliche
Energie & du bist aus
dieser göttlichen
Liebe entstanden

JA, es ist Liebe mit
deinen
LieblingsMensch

EINZ

10:00
Alles hat Sinn und
wird sich weisen,
wenn Du dich darauf
einlässt in deinem Rad
des Schicksals als
FortunaSchöpfung♥

*

Nehme den Schlüssel,
den dir die Seele
reicht nun an;
entscheide dich für
deinen richtigen
Zeitpunkt; gerade in
der SeelenLiebe♥

Kraft ~ Harmonie ~
"SeelenVerbundenheit"
möchten nun vereint
werden!
Es darf sein & gelebt
🤍 werden!

Erzengel Raphael hilft
dir in die Heilung zu
gehen♥
Heilung darf nun
vollkommen Sein!
Die Farbe Violett wird
dich einhüllen♥

Sei dir deiner
„*HeilKraft*" bewusst;
heile dich & andere
auf liebevolle
heilweise emotionale
HerzEbene ~

HerzÖffnung pur♥
Löse!

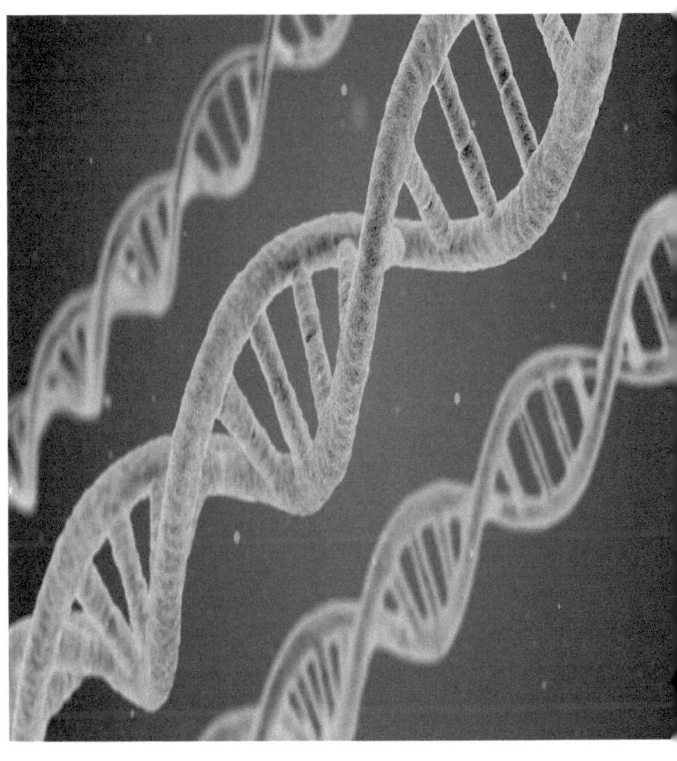

*

13

"Ich löse mich von all den Vor-Stellungen & Erwartungen; ich bin frei"

13

Raus aus Co-Abhängigkeiten!!

Du bist deine #1 in deinem Glücks-Rad (10)

~Bleib bei dir

, mache dich
glück~licht

somit lösen sich deine
Erwartungen ~

Abhängigkeiten♥

10 : 00 ~ 10 : 01 ~ 10 :
11♥ 20 ~ 22 ~ 10 ~
111 in der 3♥
Göttliches Licht voller
Wachstum &
Manifest♥

Genau diese AugenBlicke in der 11 : 11 Uhr machen es aus

Zeigen auf! Öffnen♥

Lausche deinem Herzen, denn die Seele spricht nun mit Dir

SeelenDialog von Herz

Herz in der SeelenVerbindung

"Wenn die Seele liebt, gibt es kein zurück mehr"

JA, ich liebe DICH!!

Augen sind die Kanäle der Seele - SeelenBlick!
Hals das Tor zur göttlichen Kommunikation
Herz das Tor der Seele

12:12 Uhr

02.02.20 ~ 18 ~ 11

DrittelRegelung als maßgebendes Maß aller Dinge / Trinität

3 aus der Dreifaltigkeit Allem DaSEINs

Es gibt hier nun zu erkennen wo dein göttliches Maß liegt ...

Der goldene Schnitt ... eben darin zu leben!

Göttlich im Licht Allem SeinS

12 - Der geHÄNGTE im Tarot zeigt dir die Möglichkeit auf deinen BlickWinkel (wie passend zur Karte - Goldener Schnitt) so zu ver-ändern, dass es in ein bestimmtes gerücktes richtiges Maß sich fügen darf!

Ist es dann nicht "göttlich", dies
zu er-kennen; er-kennen zu
dürfen, sich er-kennen zu dürfen!

Ich gebe mir den RAUM & die
ZEIT, Möglichkeit dies sehen und
erkennen zu dürfen!

Ich lerne mich in meinem vollen
Potential kennen und erkenne
mich selbst!

WAU, die goldene
ERKENNTNIS eben 🩶

*"Göttliche Offenbarung
wird DIR nun zuteil"*

1,6,18

1 ~
Ich bin EINZ mit mir geworden
und lebe die volle *SchöpferKraft!*

6 ~ Voller Liebe & Licht! Die erLEUCHTung zeigt sich mir nun!

18 ~ Ich lebe mein inneres Licht in meiner GefühlsWelt voll & ganz aus und erschaffe mich aufs GANZE im EINZ SEIN!!!

Drittelregelung der Mathematik:

1 - 6 - 18

Im richtigen VerHÄLTnis das MAß halten♥

Ich aktiviere den GOLDENEN SCHNITT

2018 MeisterZahl 11

11:20

Soul ♥ Soul
Die Botschaft kommt
an
Herzflüstern findet
statt aus reiner Seele♥

11:22

Ich erkenne dICH & in
MIR als WIR♥
SeelenVerschmelzung
aus Liebe♥

Göttliches Timing!!

Wenn DU heute aufgebracht bist, dann ist das kein Wunder in der heutigen *16 im Turm!*

Die einstige Stabilität ist aufgelöst, damit DU dir ein aus vielen Erfahrungen der letzten Jahre, Neues, besseres Fundament bildest!

Die Basis aus den Ur-Wurzeln ist da und es gilt nun in 2018 NEUES gedeihen zu lassen 🩶

11 ~ MeisterSchaft

Lass es geschehen, damit DU in der SEELE gut wachsen kannst.

13 : 03 Abschied und NeuBeginn im WachsTum

Neues Spiel ~ Neues Glück für
dich und Alle Beteiligten!!

13 : 00

Der Tod im Tarot in der 13
ist unausweichlich und eröffnet
dir als SEELE viel

Neues an ErfahrungsSchatz

&

WeisheitserWeiterung

Dir einen wunder-
vollen Tag voller
Wunder!

Ist „Alles im Fluss" durch die 14 der Mäßigkeit

oder grad weil wir im **VollMond** sind kann es gerade jetzt ...

DICH noch *durchrütteln* ... es wird noch etwas geschüttelt mit den Elementen, es wackelt dich noch durch, aber dann bist du gerecht der Mäßigkeit im Fluss!

Quasi, schüttel dich noch durch wie ein nasser Hund, damit das Fell auch wirklich trocken wird!

Jetzt kann der *"Neu-Start"* beginnen - schnell noch Blockaden lösen - aufräumen - reine machen mit den alten Gewohnheiten ... lösen, was schon lange auf *LÖSUNG* wartet.

Die Schnecke wird auch hier ihr eigens übertroffenes Tempo erreichen und sich fast schon selbst überholen ... hihi 😊;-) 🖤

Auch du bist dabei, deine GefühlWelten zu klären und dann gehts aber los ...

Der März wird es dir zeigen ... und dann ... aber dann ...

Ergreife deine neuen Möglichkeiten, denn

"Alles ist Möglich"

"Zeit ist kostbar"

"Wünsche selbst in Erfüllung bringen"

"Go for it"

Auf was wartest du noch wirklich; welche Ausreden stehen

noch an in der langen Schlange
deines Schatten-Ab-Bild ..

Schau hin und gehe einen Schritt
zur Seite ... damit auch da endlich
Licht reinkommt.

UND

Sei ehrlich zu dir selbst!!

"RAUS AUS ILLUSION - REIN
IN VISON"

14 ~

1 steht wir im Eins Sein
4 in der Stabilität
5 nun in die Hoch-Zeit gelangen!

*

14 Wenn ich in Balance bin, dann kann ich auch im Miteinander in die Hoch-Zeit gehen, dann wirken Herausforderungen in der Partnerschaft nicht nur herausfordernd sondern bieten gleichzeitig die Balance einer guten Basis!

Ein Austausch in Liebe ist möglich und wird konstruktiv genutzt, den Blick in den Spiegel des anderen zu wagen.

Ich traue mir und meinem Gegenüber und nutze diese sich immer wieder bietende Chance mich und im anderen auch gemeinsam weiter zu entwickeln!

Nur so ist eine gesunde Entwicklung von Seelen und Seele in Balance im Ying & Yang

- männlich - weiblich ~ weiblich männlich überhaupt möglich.

Ich darf immer meine Wahrheit aussprechen und es führt nicht in Abbruch sondern in die ***HOCH-ZEIT durch die Fünf!***

Wenn ich bei mir bleibe in meinem ***Wort & Tun*** und dies als eine ***Chance & Wahrheit*** mir und meinem Partner als Entwicklung & gleichzeitig als Chance für eine stabile Basis und Balance anbiete, dann kann es liebevoll durch mich zum anderen *fließen* ...

In Liebe - Respekt & Wertschätzung♥

Lausche und höre, was dir dein Partner anbietet ...
Es darf in der Freiheit des Seins angenommen werden ...

***Jeder darf für sich lieben &
wachsen & gedeihen***, um dann
auch im Gegenüber in eine Art
von Ent-Faltung einfließen, im
Kreislauf eines "Mit-ein-anders"
sich in sich und dem anderen zu
wirken.

Herzöffnung 🩶

Ich öffne mich meiner Wahrheit
und biete diese im SeelenDialog
an ...

Durch diesen ***ehrlichen
Austausch*** fallen alte Denkmuster
und Blockaden und Mauern
brechen auf lösen sich auf!!

Ein wichtiges Stadium an
HerzensVerbindung entsteht &
festigt sich.

Von einem Ich im DU in ein Wir
um wieder ICH zu SEIN♥

"Das einzig beständige ist der stetige Wandel"

Kreislauf im SEIN von Himmel & Erde, die WIR sind.

Göttlich entsprungen im Wirbel der Unendlichkeit für Immer!

Ich reiche dir die Hand im SeelenDialog von Herz im Herz der liebevollen Verbundenheit 🤍

Löse nun die Vergangenheit auf ... erkenne, deinen Vater & deine Mutter in Dir und erkenne, dass auch Sie in dir die Liebe zeugten um zu erkennen, was es heißt Liebe zu geben und zu empfangen 🤍

"Ich liebe mICH

& Ich liebe dICH"

Schenke dir all diese Liebe
Schenke dir all diesen Respekt
Schenke dir all diese Wert-
Schätzung
Schenke dir all diese Achtung &
Vergebung, damit dies auch Aus-
Schwingen - Raus-Fließen -
Zirkulieren und zu dir und zu
deinem Partner fließen kann ...

Ying & Yang ~ Balance ~
Verschmelzung in der heiligen
Verbindung, die DU bist.

Heute in der 20 also der "Zwei im
Miteinander" ganz besonders und
an allen anderen Tagen auch!

$1+5 = 6$

Ich bin die Liebe, die ich
bedingungslos schenke; ich folge
meinem Ruf im Inneren, erkenne
mich und meine Gefühle, damit
ich in meine persönliche "Hoch-

Zeit" in der Fünf frei ent-falten
kann!   *6=*

Ich sage *JA* zu mir in der Liebe,
die ich bin
Ich sage JA zu meinen Eltern, die
auch immer nach der Liebe
suchten um sie in mir zu ent-
falten.

Ich sage *JA* zu meinem
SeelenRuf und folge ihm auf
meinem Weg des glück - licht -
sein ...

Alles ist

Liebe & Licht ♥

Ich möchte endlich der wahren Liebe begegnen!!

Es ist immer eine Spiegelung sich im anderen zu sehen mit all den Facetten und diese liebevoll anzunehmen ... ich denke, es geht zuerst um die Selbst-Liebe - sich in seinem S-EIN anzunehmen ... sich tief in seiner Art - in seinen *GefühlsWelten* - Facetten eben anzunehmen - sich zu pflegen – wohl sein im inneren zu verspüren ... INNEN-Licht dann nach Außen leben zu können ... "Erwartungen anzunehmen und vor allem in erster Linie sich selbst zu erfüllen" wer das kann, braucht das Gegenstück von *männlich-weiblich weiblich männlich* nicht besser gesagt ge- braucht es nicht sich selbst zu

füllen!, sondern in einer
besonderen Art der

"Verschmelzung der Prinzipien
vereinen sich aufs höchste Wohl
im EINZ sein im miteinander" ....

In der ZWEI 🩶 ...

Wir sind im SeelenJahr der Venus
in 2018 angelangt 2018 / 11 der
Meisterzahl die in der Zwei
mündet ... also
SeelenVerbindungen werden nun
klar gelebt ... Alles andere ist nun
in der *Rüttelung und
Schüttelung* der Zeit am ENDE
angelangt!!

Deshalb mein nun **11. BUCH ...**

"Seelen~Dialoge eines Erdenengels"

...

SeelenPartner in Leichtigkeit -
Licht und Liebe zu vereinen!

Seelen Dialoge!

ZwillingsSeelen

ZwillingsFlamme

DualSeele ist ...

111

16 Ich und die Liebe

Ich sende Liebe aus meinem Herzen & werde Licht ~Voll♥ Ich Liebe Dich aus ganzem Herzen & Seele♥ ALLZEIT!

Du hast ein Problem, was würde Jesus an deiner Stelle tun 🩶

Liebe als höchste
Kraft wird immer
friedliche Lösungen
er ~ schaffen!

Glaube & Ver ~
Traue dem göttlichen
Fluss♥
Liebe 🩶 Licht

Augen auf und sehen
was tatsächlich Sache
ist und jetzt wirklich
ansteht, denn nur das
ist Fakt und die nackte
~ reine Wahrheit♥

In wahrhaft kraftvoller & liebevoller Verbundenheit ♥

Durch diesen wundervollen Fluss an Energie, kann diese einzigartige "Schwingungskraft" sich immer weiter & weiter in sich verbinden und in die energetische Ver- Doppelung in dieser kraftvollen Schnelligkeit hin und her großartige Verbindung schaffen!

Ein wahrhaft großartiges kosmisches Gesetz ♥

Du sendest Energien aus und sie kommen *„un- ein geschrenkt „* tausendfach zu Dir zurück!

Wie man schon sagt, "Liebe wird
nicht verschwendet sondern
vermehrt sich" unendlich weiter
und zieht unendliche Kreise von

"Licht ~ Kraft ~ Liebe" ♥

Ich wünsche euch eine gesegnete
Nacht voller innerer inniger

Wärme ~ Geborgenheit ~
Wohlfühlen ~Wertschätzung ~
Respekt ...

Und denke daran, Alles was du
dir wünschst und benötigst,
deinen Nächsten so dir selbst.

Mögen sich diese wunder-vollen
Eigenschaften von deinem
Inneren in das Außen spiegeln
und deine *"Um~Welt"*
verzaubern!!

JA, du hast die *Gedanken~Kraft*
all das zu erschaffen, was Du zu
schöpfen wünscht ...

Kreiere & es wird dir gegeben!!

Dein *SchöpferGeist* ist groß ...
lebe & er-lebe

*

Jesus & Maria Magdalena!

Gebe und es wird dir *ver-Geben!*

"Gebe dir den gebührenden
Respekt & Liebe, die DU bist"

... schon immer warst!

Eine *wunder-volle Seele* voller
göttlichem Licht; geboren um die
Liebe auf Erden in all ihrer
Energie wirken & geschehen zu
lassen

"Ich bin"

"Ich liebe mICH

&

Ich liebe dICH"

*Ich liebe Dich, so wie du bist,
denn ich sehe den göttlichen
Funke in dir leuchten!!*

Gebe & es wird dir ver-geben!!

LiebensWürdigkeit"

OH JA!

Das bist DU ... immer!

OH JA, dass bist DU immer ....

Lebe deine *FeinFühligkeit* voll
& ganz, denn du bist ein geliebtes
ErdenKind Gottes 🩶

Auch wenn deine Prägungen dich
manche male haben straucheln
lassen ...

Dein Schmerz hinter Mauern
versteckt wurden, jetzt ist es Zeit
diese aufzulösen – **los zulassen ...**

Hier & Jetzt & Heute in der
Meisterzahl 11 in 2018 in der 11

Die 11 steht eben auch für deine
Ur-Kraft & Ur-Lust in DIR als

SternenKind auf Erden nieder
gekommen um diese Liebe
erstrahlen zu lassen!

Lebe dich in deiner
LiebensWürdigkeit 🩶

Traue dich wie diese wunder-
vollen Rehleins die so zart -
schüchtern, fast schon scheu sind
...

Lebe deine Sensibilität, denn
DU bist einzigartig & großartig in
deinem NaturWesen, dass DU
bist!!!

***Dein Gegenüber wird es zu
schätzen wissen*** und wenn nicht,
dann hat er / sie - es auch im
Laufe der Zeit Mauern aufgebaut,
um wahrscheinlich unverletzbar
und scheinbar groß zu er-scheinen
...

Angeblich Groß und voller Macht
~ ErfolgReich oder was auch
immer ?

In **EinBildung**, dies sei der Weg /
der Schutz ...die Power ...

Die wahre Kraft jedoch, - die
wahre *"SchöpferKraft"* kommt
jedoch immer aus deiner
"LiebensWürdigkeit" aus dem
inneren deiner "Selbst-Achtung"
heraus ...

"Ich bin es mir Selbst-Wert"

Voller Liebe & Licht
Voller MitGefühl
Voller VerTrauen, dass du durch
deine feinen Gefühle ausstrahlst,
lassen dich groß & kraftvoll
erscheinen und in deinem Radius
ist es wohlig & warm - vertraut
und sicher.

Das ist die wahre ~ wahrhaftige Größe und Macht in UNS♥

LIEBE 🖤

LIEBE ist Kraft und Lust zugleich und göttlich gewollt - du darfst diese jederZeit zum Ausdruck in Freude - Güte - Licht bringen!

Gestehe dir diesen Genuss mit dir und deiner Welt zu ...

"Du verdienst es geliebt zu werden"

"Du bist wahrlich ein liebevolles lichtes wundervolles Wesen"

Belohne dich und dein Herz & deine Seele mit all diesen Liebeswürdigkeit dein Selbst und im Sein mit deinem Gegenüber ...

Es gibt immer das passende Gegenüber / Dual für
<u>DICH!!!</u>

Einen wundervollen Abend voller Wunder - voller Gefühl - voller Liebe & Licht für Dich - Dich & Dich meine geliebte Seele 🩶

"Ich liebe dICH

&

Ich liebe mICH"

truely Claire 🩶

<u>*" Neu~Geburt meiner göttlichen VisionsKraft "*</u>

Heute am sechsten Tag der
Heiligen Drei Königinnen werden
wir neu geborgen; unser inneres
Licht er~hebt sich, der Nebel
lüftet die Schleier der
Vergangenheit aufs NEUE ~
GUTE

Nun dürfen all die ent ~ deckten
- aufge ~ deckten Erkenntnisse
ins Licht gebracht und gelebt
werden!

Dafür waren die RAUH ~ Nächte
in den letzten 12 Nächten für
jeden Monat eine Nacht auch
gedacht!

Nun, was sind deine wahren
ErKenntnisse und was keimt in
dir nun auf und will an neu

erworbener VisionsKraft "hier &
jetzt" gelebt werden!

Zeit ist kostbar - Leben ist kostbar - DU bist KOST~BAR!!

Also, mach dich heute bewusst
auf den Weg, wie die Heiligen
Drei Königinnen und folge
deinem neuen Bewusst-Sein -
folge deinem Stern und lebe in
der heutigen 18 im MOND deine
GefühlsWELTEN aus ...

Spreche deine innere
WAHRHEIT nun laut aus!!

Es hält dich nichts mehr auf ...
außer DU selbst!!

<u>Mögliche Affirmation:</u>

"Ich bin bereit"

"Ich öffne mein Herz für die Liebe"

"Ich lebe meine Visionen"

"Ich bin mir meiner GefühlsWelten voll & ganz bewusst und folge ihnen aufs Neue ~ Gute"

Tagesbotschaft in der

22!!

Same des Lebens oder ich sehe auch die Blume des Lebens in dir als Licht das du bist und trägst den göttlichen Samen in dir!

Der göttliche Funke, der DU bist als Mensch geworden auf Mutter Erden!

Trage nun dein Licht in die Welt und werde zu deinem Funken der Du wahrlich bist mit all deiner Kraft und Herzen 🩶

Du trägst Alles an Schöpferkraft in DIR, ist dir das bewusst, mach es DIR heute ganz besonders bewusst am 27.12., denn HEUTE

ist der Tag vom REST deines
LEBENS!

Wage NEUES, Wage neue
WEGE, wenn nicht JETZT, wann
dann .... 😊;-)

In der heutigen 27 sind WIR
aufgerufen im Tun in Beziehung
im Miteinander den SPRUNG ins
NEUE zu wagen und somit dein
INNERES LICHT in der NEUN
nach AUßEN strahlen zu lassen
🤍

JA, gehe in Dich und lass all den
göttlichen Samen in dir wirken
und pflanzen IHN nun in Mutters
göttliches Feld und lass es wirken
- wachsen - gedeihen; deine
VISIONEN wollen endlich
REALITÄT werden!!

Zusammengefasst, wird die 27 in
der Tageszahl 22 sich nun

manifestieren und im
MITEINANDER nun endlich
EINZ zu werden, damit die
STABILITÄT / BASIS nun
geschaffen wird.

Dann kann König & Königin
(2+2 // 22) wirken - erstrahlen
und den göttlichen Funken zu
einer LICHTSÄULE im
miteinander der 22 strahlen!

Das KönigREICH (Stabilität in
der 22 / 4) erblüht.

Die LichtFONTÄNE erschafft
nun den Regenbogen (7 Chakren
in dir werden geflutet) mit all
seinen Farben; NEUES wurde
durch DICH und deinen
GötterFunken erschaffen; DU
hast nun aus deiner SchöpferKraft
den Samen für das NEUE GUTE
gepflanzt, es kann nun in sich, in
Dir aufgehen und all das was Du

in dir trägst an Licht erneut in der Schöpfung wirken.

"Glaube & Ver-Traue Dir"

Alles ist Gut so wie es ist; dein HerzensRuf will nun gelebt werden; lass es in der Stille in deinem INNEREN (9) wirken und aufgehen in dir(2+7)!!

Das Neue leuchtet den neuen Raum in dir aus und schafft Platz für NEUES Schöpfen.

Sei Du dein Licht und erstrahle aus deiner Kraft.

Bleib Dir treu & beFREIe dich aus dem Alten; aus der Schweren Last!

Ich liebe dICH & Ich liebe mICH

SeelenLiebe

"Ich schenke DIR voller Liebe mein HERZ & meine SEELE"

Die Drei steht immer für die *"Ent-wicklung"* gepaart mit der 15 (Teufcl im Tarot) als Befreiung durch Ent-wicklung anzusehen, gehen wir in unseren Gefühlen durch diesen

Neustart

in die heutige

Zielgerade …

Wir fühlen auf den Grund und wissen um diesen ganz genau … so ist es und nicht anders!!

Endlich wissen wir um unsere Gefühle und die Kraft, die sich hinter all dem verbirgt..

Holen wir sie hervor und leben diese, sodass wir UNS befreien und uns selbst glücklich machen …

"Ich bin mein Glückes Schmied"

Ich leben meine Gefühle aufs höchste Wohl zum Besten für mich und all den Beteiligten …

Ich achte auf meine GefühlsWelten und bringe diese zum Ausdruck in all der Liebe die ich bin!

Ich achte und respektiere mich und schenke mir all das was ich brauche um Glück-Licht zu SEIN

Wundervollen Abend voller
Wunder

Meine GefühlsWelten sind das
wichtigste in der gemeinsamen
Kraft von Liebe & Licht …

Ich schenke sie, all die Liebe,

 MIR & DIR

immer und immer wieder mehr
und mehr!!

"Blue-MOON"

Der Schmetterling flattert nun
ganz aufgeregt in dein Leben &
bringt dir nicht nur die Erkenntnis
sondern das Wachstum auf eine
neue Ebene ..

Die blaue Farbe symbolisiert das
geistige Tor der Kommunikation
und Du kannst dir gewiss sein,

dass die Seelen rege und im Fluss
kommunizieren …

SeelenKommunikation
eben!!

Sei dir gewiss, das sich Alles
zum Guten Ent-wickelt und das
SaatGut nun aufgeht …

Die Sonne scheint am höchsten
Stand aud die Liebenden herab♥

JA, es ist eine ganz besondere
SeelenLiebe mit euch ZWEIEN
im liebevollen SeelenVerbund,
den ihr vor vielen vielen
Jahrhunderten - Jahrtausenden
eingegangen seit

2018 / 11

Soul to Soul

Wenn die Seele liebt, gibt es kein zurück mehr!!

.... es ist nun einmal das

"Wichtigste im menschlichen DaSein"

, sich zu pflegen mit gutem Essen - reichlich trinken - wohl Atmen und sich gut gehen zu lassen; sich wohl zu pflegen, als NaturWesen das Wir nun einmal sind und dazu gehört es sich auch sich als natürliches - sexuelles Wesen, was wir nun einmal sind regelmäßig und wohl auszudrücken!

"Gesundheit pflegen für den

Körper - Geist und Seele

als Einheit"!!

Im Frieden mit sich SEIN🤍

SternenTOR!

Unbedingt wollte es nun kommen und sich zeigen ...

Die Sterne zeigen sich permanent seid einer Woche ganz intensiv und weisen auf den neuen Weg ...

10 : 11

2017 / 10
2018 / 11

Im Rad des Schicksal ins SeelenJahr!

10

Wie einst in Bethlehem ...

Engel Gabriel erschien im wahrsten Sinne in hielt den Stern ganz oben offen - stahlen - bewegend ...

Eine bewegte Zeit, wo Materie mit voller Energie - Licht erstrahlt und UNS ALLEN zeigt wie machtvoll Worte - Taten - Gedanken - Gesten gerade jetzt zur WeihnachtsZeit sind!!

Was bewegt dich, zeige es ganz offen zu dir und deiner UM-WELT ... deinen Familien ... teile es in der Mit-Teilung und siehe da, es wurde Licht 🤍

Die Kraft der Liebe ... Power pur ...

"bewegt - ebnet den Weg"🤍

Materie in der liegenden Acht
bewegt und ebnet den Weg im
Kreislauf der Acht ...

Hin und her ...

Du sendest aus und es kommt
tausendfach zurück ..

Deine Gedanken - deine Liebe
manifestiert sich im Fluss ...

Löse nun Alles Alte auf - löse
dich - be-frei-e dich aus alten
Glaubenssätzen -
Glaubensmustern -
GlaubensMauern heraus ...

Alles ist Liebe & Alles ist mit-
ein - ander liebevoll Verbunden!!

Glaube & Ver-TRAUE ... vor
allem DIR selbst.

Du bist Liebe & Licht aus der
göttlichen Ur-Quelle entstanden♥

Und denke bitte daran ....

"Alles ist Möglich ~ es gibt keine Grenzen"

Der ewige Kreislauf vereint in der
tiefe der Seele im SeelenVerbund

"Wenn die Seele liebt, gibt es
kein zurück mehr"

Auszug aus dem vierten Buch:

"Herzensweisheiten eines Erdenengels"

Einz im SeelenDialog 🩶
SeelenVerbund

Wandel bedeutet Zeit den Wagen für das Neue Gute zu spannen, damit AufBruch geschehen kann♥
Frischer Wind speist den Atem mit♥

Von Hoffnungen & Wünsche den

SeelenRUF folgend ...Wie!

Fühle ~ schmecke ~ probiere wohl (dann); Jetzt

weißt DU um dein (inneres)
Wissen

Tränen werden heute
ganz besonders in
Perlen verwandelt!

Wunder geschehen auf
Allen Ebenen und es
darf im tiefen Bewusst-
Sein wirklich Alles
ALTE sich nun lösen
...

Die Wunder der Liebe
stehen bereits vor
deiner Tür; öffne nun
das Tor ...

ALLEINZSEIN♥

11 in der 2

Worte in der Form von geschriebenen Zeilen können Brücken bauen und tiefe Gräben überwinden!

Lass dein Herz nun fliegen!

... sende es auf
Reisen zu deinen ♥
LieblingsMenschen♥

Wünsch dir was ...
"Mein höheres
Selbst bringt mir
Alles, was ich zur
idealen Zeit auf
perfekte Weise in
meiner
„SchöpferKraft"
kreiere & mit
offenen Armen
liebevoll empfange"

♥

18

Sei du selbst ein
"VorBild" für Dich für
all die
LieblingsMenschen
und vor allem für die
Kinder, die unsere
Zukunft bedeuten♥
🩶

11 ~ 11

„MeisterSchaft" mit dem Ich zum Du ins WIR♥

"Ver-Gebung be-FREIt die SEELE"; hier beginnt die Furcht sich als Waffe gegen die Angst aufzulösen .. Nelson Mandela♥

*2018 in der
Meisterzahl 11

bringt uns in unsere
„MeisterSchaft" mit UNS nun in
die Klarheit zu kommen 🤍

Heute in der 18, dem Mond im
Tarot werden Gefühle wie
Gefühlslawinen empfunden und
steigen auf - kommen hoch und
quetschen sich durch den
Geburtskanal auch im Hals
spürbar (Hals - Chakra) spürbar!

ErkältungsZeit / Grippewelle ist
auch eine Zeit der
GefühlsRegeneration!!

Lawinen über Lawinen
überrollen um sich dann im Tal;
dem Gefühlsbecken einzufinden -
klären und in der Sonne
aufzulösen 🤍

Reinigungsprozesse noch und
nöcher überhaupt in der 18 in
2018 am heutigen Tag wie auch

das ganze Jahr über, um dann mit sich in der *„MeisterSchaft"* der 2018 / 11 das große Gold abzuholen.

"Jetzt ist es klar"

Du & Ich gehen in ein WIR um *dann Einz in der Eins ~Eins zu werden* 🩶

Witziges Wortspiel und doch mehr. ... viel mehr, als wir jetzt erst noch erahnen um im März zu wachsen & zu gedeihen ...

Wieder und immer wieder sich selbst zu erkennen & Alles in Maßen ..., also in der Balance unserer Selbst im Gegenüber wahrzunehmen und auch dann letztendlich mit uns Selbst im Anderen anzunehmen - sich einfinden zu können im Haven ~ Mitte ~ Punkt!

Auf dem Punkt ~ Einz eben!!

In diesem Sinne, einen Gefühlvollen echten Tag voller echter liebevoller Gefühle mit sich im anderen sein 🩶

Lass fließen - lösen - erLösen - aufLösen

In diesem Sinne, deine dich liebende Claire

2018

11 22

Spiegelung
Kommunikation
Miteinander gerade
auch neue "ZIELE"
forcieren 🩶

**Wir wollen ein
ZusammenSein ~
zusammen leben als
soziale Wesen und
der AlleinGang löst**

sich hinter UNS auf
...

AllEinSein 🩶

Zwei dich sich lieben & zusammen sein wollen!

Das ist heute - gerade heute das Tagesmotte am achtem Tag in der medialen Kraft - oben & unten - spiritueller

Kreislauf - göttlich gewollt ...

"Karma als sogenanntes Schicksal von Ursache & Wirkung"

= Resonanz in der / die ZWEI, die nun sich liebevoll verbinden um

"EINZ"

zu sein!!

Liebe ist immer "Göttlich" gewünscht & gewollt!

Love & Light, deine dich liebende Claire

__Impressum__

Personendaten

Vorname Clarissa M.

Nachname Seite

Firmennamen Praxis für
Psychotherapie - mediale
psychologische Lebensberatung

Geburtstag 19. August 1969

Sternzeichen Löwe

Geschlecht Weiblich

Familienstand Verheiratet

Kontaktdaten

Strasse Winibaldstr. 14

PLZ 82515

Ort Wolfratshausen

Land Deutschland

Webseite http://www.theralupa.de /
www.heil-verzeichnis.de

<u>**Persönliches**</u>

Über mich:

Clarissa M. Seite

Praxis für Psychotherapie nach dem HPG

Mediale psychologische Lebens-Beratung

Psychologische Beratung und Kartenlegungen auf Wunsch am Telefon oder per Mail / Facebook PN

Erstkontakt: 01525 - 654 99 30

www.theralupa.de

www.heil-verzeichnis.de

BLOG:
CLARISSASEITE.TUMBLR.COM

SUCHT-Beraterin **(auf der Suche zum Ich)**

& REIKI- Meisterin / Lehrerin

Mädchenname: Zickler

Geboren am: 19.08.1969 / Bad Neustadt a. d. Saale

Schulbildung:

Qualifizierenden Hauptschulabschluss – High - School in Louisiana - Realschulabschluss - Universität Tech

in Louisiana / Ein Semester in Mathe -
Geschichte und Englisch / Art & Sience

Lehrberufe:

Verkäuferin - Einzelhandelskauffrau -
Versicherungsfachfrau - Heilpraktikerin
für Psychotherapie - Suchtberaterin -
Reikimeisterin / Lehrerin

Aufgewachsen in Speichersdorf bei
Bayreuth bis zum 18 Lebensjahr

Nach Heirat in die U.S.A / Louisiana
bis zum 21 Lebensjahr

Zurück nach Deutschland / Bayreuth
für ein Jahr - München vier Jahre –

Bayreuth 16 Jahre - und schließlich
wieder nach München /
Wolfratshausen bis zum heutigen Tag.

Mein spiritueller Weg

... hat mit den Engel begonnen, die
ich schon seit meiner Kindheit sehr
bewundert habe und meine Oma

mütterlicher Seite hat immer sehr viel zu den Engel gebetet, dass fand ich für mich sehr prägend.

Die Engel, meine tiefe Freundschaft - Verbundenheit und Liebe!

Die Engelsbilder von meiner Oma und meinem Opa hängen heute nun neben vielen anderen Engeln im Wohnzimmer und meiner Wohnung verteilt.

Als ich mir 1992 mein erstes Kartenset / Tarot von Miki Krefting aus München kaufte ging es mit vielen Stunden - Nächten um die Ohren schlagen und Beratungen für Freunde los in Richtung Spiritueller - Medialer und guter Intuition ans Eingemachte!

Mehr und mehr interessierte ich mich für diese umfangreichen Themen wie den Glauben an Gott den Engeln - Glaubensrichtungen der Welt -

Interpretationen des Tarots in verschiedenen Auslegungen und Ausführungen von White Raider zu Crowley, der Nummerologie (Dan Millman) der Traumdeutung (C. Jung) Kastl – Kant – Frankl – Freud und vieles mehr dazu.

Kartensets wie Selbstheilung von Chuck Spezzano - Göttinenzyklus - Engel von Diana Cooper - Doreen Virtue - & und dem tollen Kartenset von Pia Schneider und Ruth Kendell – **Krafttiere** von Jeanne Ruland & Murat Karacay – **Maria Magdalena** von Jeanne Ruland & Marion Hellwig - **Spirituelles Geldbewusstsein** von Thorsten Weiss und und und runden mein Profil ab.

Kinesiologie und TCM-Medizin - Kräuterkunde - Homöopathie und die universelle Energie; erst durch die drei Reikigrade und dem Lehrer wurden diese intensiv in meinem Leben seit der Geburt meines Sohnes Frank 1997 integriert und schließlich auch privat an mir und meiner Familie - Freundeskreis und interessierten Menschen praktiziert!

2008 kam dann, nach Jahrzehnten an "üben und lernen" im Spirituellen Bereich der Beginn mit der Ausbildung zum Heilpraktikerin zur Psychotherapeutin - Gesprächstherapie nach Rogers - Psychoanalyse nach Freud) und last but least

2009 die Ausbildung zur Suchtberaterin,

2010 die Gründung der Praxis für Privatklienten und psychologische - mediale Lebensberatung am Telefon!

2014 schrieb ich mein erstes Skript "Wie werde ich ein Erdenengel"

2015Blog: ClarissaSeite.Tumblr.Com

2015 - 2018 Buch & ebook:

„Wie werde ich ein Erdenengel

„Ein Erdenengel und seine Geschichten"

„Botschaften eines Erdenengels"

„Herzensweisheiten eines Erdenengels"

„Seelenweisheiten eines Erdenengels"

„Seelenbalsam eines Erdenengels"

„Himmlische Werke eines Erdenengels"

„All-Eins-Sein eines Erdenengels"

„All-Zwei-Sein eines Erdenengels"

„All-Drei-Sein eines Erdenengels"

„Seelen – Dialoge eines Erdenengels"

Seit 25 Jahren; seit Beginn meines ersten Kartendecks im Tarot kamen viele andere Kartendecks dazu und durch das tägliche ausüben und studieren von Fachliteratur in unterschiedlichen Bereichen hinsichtlich meiner medialen Fähigkeiten wird es immer mehr und

165

das „Tun" immer intensiver und klarer in der Ausübung!

*

<u>Vereinszugehörigkeit wie:</u>

Dachverband Geistiges Heilen

(DGH)

Verband freier Psychotherapeuten, Heilpraktiker für Psychotherapie und Psychologischer Berater e.V.

(VFP)

Üben – Üben – Üben

Lernen – Lernen – Lernen

Sein – Werden – Sein

*

<u>Mein Leitmotiv ist:</u>

Lehrer und Schüler zugleich ;-)

Immer und immer wieder ...

auf dem Weg der sog. Meisterschaft 11 (TOD) um wieder und Neu Wiedergeboren zu werden 22

(Phönix aus der Asche)

Anbieter-Impressum

Umsatzsteuer-ID-Nr 82 096 358 479

Handelsregister-Nr. / Steuer-Nr. / ggfls. Geschäftsführer

Praxis - Clarissa Mathilda Seite - Heilpraktikerin   für Psychotherapie[HPG] - WOR

Steuernummer   –   Finanzamt Wolfratshausen – 169/258/90344 – **IdNr. 82 096 358 479**

Bankverbindung – Sparda Bank Nürnberg – BLZ 760 90 500 – Kontonummer 442 50 59

[Gemäß § 4 Nr. 14 Buchst. a UStG sind Heilbehandlungen im Bereich der Humanmedizin umsatzsteuerfrei. Dazu zählen auch die Leistungen der Heilpraktiker].

Ich wünsche Dir - Dir und Dir

Lieber Leser, eine wohltuende Öffnung zu Dir und zu deiner liebevollen Natur als

„Erden-Engel"

In diesen schnelllebigen Zeiten der Jagd nach Anerkennung – Profit und Erfolgsstreben kann dies eine neue Qualität an Erleben und einer eventuellen Konzentrierung aufs Wesentliche und zukünftiger „EntSchleunigung" bewirken!

Ein Dankeschön an:

Meine Eltern; einzigartig in Ihrer Art

Meine Geschwister, die mich in meinem Dasein begleitet und geformt haben

I Love You All!

Meinen Sohn Frank, der mir oft den Spiegel vor Augen hält!   ;-) Buchcover 1 – 7 + 12 von Sohn Frank fotografiert.

Dieses Büchlein dient als ein kleiner Wegbegleiter „täglicher Inspiration" und als Möglichkeit einer neuen Sichtweise in der Lebensführung.

Es ersetzt weder den Rat durch einen Arzt deiner Wahl, noch dient es als Ersatz für medizinische Behandlungen von physischen und psychischen Erkrankungen aller Art!

Werdende Mutter (schwanger) ist oder sich krank fühlt oder krank ist, konsultieren Sie <u>immer zuerst einen Arzt</u> Ihrer Wahl!

Und denk bitte dran …

Du – Du und Du – SIE –Er – Es

 trägst die Verantwortung für

Dich und dein Leben!

Haftungsausschluss:

Autor & Verlag

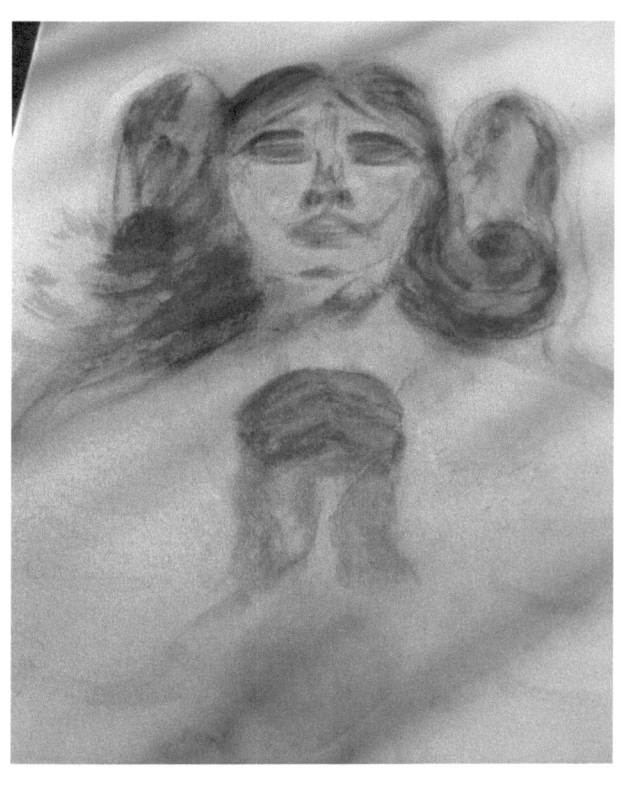

"Sei Du das Licht"

Gerade erlebst du eine Zeit,
in der Du Veränderung in
Dir und auch im Außen

spürst und auch ersichtlich wahrnimmst!

Das ist gut so, denn nur so kann Veränderung überhaupt statt finden ...

Es wird dir oft bewusst, dass du dich schon lange, wenn nicht schon sehr lange "klein" gemacht hast ...

Deine Unterwürfigkeit - Co-Abhängigkeiten ob im Selbst-Wert und auch im Materiellen haben dich an diesem Punkt kommen lassen.

Ängste, nicht gut genug zu sein trieben dich lange an, um gemocht - gut und gar geliebt zu werden!

Zumindest dachtest du so ...
es hat auch irgendwie den
Anschein gehabt und auch
irgendwie geklappt, so
dachtest du zumindest gell ...

Und, und jetzt, jetzt geht dir
ein Licht auf und die
göttliche Anbindung lässt
deine Seele durch dein Herz
sprechen, du vernimmst
wieder Regungen -
Erregungen deiner Gefühle
- deiner Herzenswünsche
und möchtest endlich wieder
DU SELBST sein!!

Du leuchtest immer mehr an
"Schatten - Dasein" aus und
wenn du ganz ehrlich und
klar zu dir bist, fragst Du
dich so langsam, warum du

das hast soweit überhaupt so weit hast kommen lassen.

"Was bin ich mir Wert"

Wo geht es jetzt hin mit deinen Wünschen ...

Raus aus dem alten Trott an Gewohnheiten, an Abhängigkeiten - Gefälligkeiten ... Einsamkeiten!

"Ich bin es Wert geliebt zu werden"

Ich werde „WertGeschätzt" so wie ich bin und ich bin ein liebenswertes Wesen / Mensch ♥ SEELE ♥

Fang an dein besonderes göttliches Licht nach Außen zu bringen - strahle wie die Sonne und werde Kreativ - bringe dein Potential zum strahlen!

Wertschätze dich von Tag zu Tag mehr und bringe deine Emotionen zum er-klingen♥

Wörter und Ausdruck, egal in welcher Form werden dir helfen immer mehr zu deinem DU zurück zu gelangen!

Ich fange jetzt damit an, meine Wünsche - Bedürfnisse und Gefühle zum Ausdruck zu bringen.

Ich bin immer in Sicherheit und werde göttlich in meinem Tun unterstützt - begleitet und beschützt.

Gott sorgt für mich♥

Ist immer an meiner Seite und trägt mich in schweren Zeiten!

Traue & Glaube 🩶

Du bist immer in Sicherheit und wirst mehr geliebt, als es dir (noch momentan) bewusst ist ...

- 11 – 22
- Sei DU dein Glück
- Glücks-Gefühle
- Priorität „Neu" kreiert
- 11 - 11
- 11 Tag - NeuGeburt
- 1 1 – 2 2
- 22 in 2018 / 11
- 111 – 222
- Alles ist Einz
- Das Auge Gottes
- ANKH
- Du bist dein Stern
- Du bist die Essenz
- Deine LebensZeit
- Tagesbotschaft

- Liebe ist immer göttlich gewollt
- EINZ
- 13
- 12 : 12
- Alles im Fluss
- 14
- Endlich die wahre Liebe ... finden – begegnen

„Ich liebe dICH

&

Ich liebe mICH"

**Deine Dich
liebende Claire**

Heute am 11. Tag in 2018 in der 11 gehen wir in die

"NEU~GEBURT"

Wir schöpfen aus UNS selbst, aus unserem inneren Kind, dass uns die Antwort gibt & "er-Leben" die Geborgenheit von Licht & Liebe in UNS 🩶

Mögliche Affirmation:
Ich achte auf meine Bedürfnisse & schenke & er-Fülle sie mir jeden Tag auf's NEUE ~ NEU-

GEBURT!

*

💚 *"Gute Botschaften durch Engel der Meere"!*

"Geborgenheit"

Wie fühlst Du dich gerade
Mit wem fühlst du dich geborgen
…

Die Engel der Meere spüren,
dass du die große Sehnsucht nach
Geborgenheit fühlst und dich
danach sehnst!

Dein inneres Kind wünscht sich
Wärme - Liebe - Geborgenheit!

Fühle in Dich hinein und schaffe
einen Raum, wo du dich
Geborgen fühlen kannst.

Gedanklich
Körperlich
Menschlich

Im Herzen Geborgen fühlen♥

Tiefe Traurigkeit steigt nun in dir
hoch, da du spürst, was dir
wirklich fehlt!?

Du wünscht dir die Liebe in
deinem Herzen zurück und

wünscht, dich einfach fallen
lassen zu können …

In Ruhe
In Frieden
In Geborgenheit

Erschaffe dir diese
Möglichkeiten durch klares
Denken & Handeln.

Entscheide Dich *für* deine
Geborgenheit und schaffe dir
deinen inneren Raum für viel
Zärtlichkeiten - Liebevolles Tun

Lass es - er-LÖSE, dass es dich
nicht mehr in dir zerreißt - heilt!!!

Geborgenheit mit schönen
Gesprächen, gemütlichen
Austausch im miteinander.

Reden
Lieben
Kuscheln
Brotzeiten
Spazierengehen
Kaffee oder Tee trinken
Ein Buch lesen und sich darüber austauschen
Gemütlich einen Film zusammen anschauen
Gemeinsame Interessen pflegen und Kunst & Musik genießen
Gemeinsamer Austausch von Glauben & Spiritualität leben!!

Was fällt dir sonst noch ein, um dich in dir - mit dir und deinen Lieben wohl zu fühlen.

Auch kann ein Rückzug Klarheit
für Bedürfnisse und
Geborgenheitswünsche klären
und Wunder bewirken durch

Kontemplation♥

Gehe in die Natur - in den Wald
und wandere umher um dich
wieder zu finden♥

Ur-Wurzeln möchten neu
bewusst geknüpft werden, indem
DU deine Eltern als das siehst,
was sie für Dich sind …

Schöpfer - Kreiere deine Liebe
zum Göttlichen, nur so entstand
die …

"GEBURT"

von einen **GeSchöpf**, göttlichem
Funke, Mensch geworden voller

"Licht & Liebe"

Ehre dich und deine Eltern für
das was sie dir an Funken
geschenkt haben an:

Potential

Wissen

Gen

Liebe & Licht.

Spiele mit Dir wie die Delfine,
um deine Freude & Spaß im
Leben bei Dir einkehren zu
lassen!

Gehe in deine "Freiheit" und tue dir Gutes♥

Nach was begehrt und verzehrt es dich in diesem Moment?

Kommunikation Austausch von Gefühlen Nachrichten versenden Liebesbrief schreiben Dich für deine Gefühlswelten durch Schreiben & Sprechen öffnen!

Wie kannst du deinen RAUM der GEBORGENHEIT erschaffen und pflegen!

Du bist es Wert geliebt zu werden!!

Du bist ein liebevolles &
liebenswertes Wesen / Seele!!

"Ich liebe dICH & Ich liebe mICH"

Einen wundervolle NEU~Geburt
wünsche ich dir; plege Dich -
deine Liebe zu Dir und anderen in
Sinne von

"Freundschaft

& Partnerschaft"

zu dir im Sein und im Gegenüber im Spiegel deiner Selbst!!!

Finde dich durch den Gesang der Delfine in deiner Ur-Kraft wieder!

"Die Engel der Meere"

wünschen sich, dass DU dein Ur-Vertrauen & deine Ur-Kraft lebst und diese wenn möglich auch so in deinem Umfeld an Licht & Liebe weiter vermittelst!

Es ist so wichtig diese Grundbasis zu leben um dadurch die Geborgenheit in sich mit seinem

"inneren Kind"

Im Kontakt - in der Kommunikation zu sein & zu leben!

Pflege dich - deine Wurzeln und schöpfe aus deinem unendlichen Potential an Kraft und Willen

Im Wechsel von Vater - Mutter & Kind sein / Trinität …

Sei dir bewusst, dass Alles im Allen in dir lebt und DU großzügig voller Liebe & Licht daraus schöpfen darfst …

"Männlich - Weiblich ~ Weiblich - Männlich"

Dein inneres Kind möchte von Dir geliebt werden!

Dein Vater und Mutter mit Bestem Wissen und Gewissen gelebt werden!

Du als Individuum im

„AllEINSEIN"!

Sie Du ein Lichtbringer wie der
Delfine und schenke deinen
Mitmenschen all die

Freude
Lachen
Spielen

all das Glück, dass wir bereits in
Uns tragen und nur darauf wartet
von uns gelebt zu werden.

Sei DU der
Lichtbringer der
Welt, der all den
Frieden bringt!!

Bless you all!!

*

Ein großer Segen wird Dir zuteil!

Heute am 16 Tag im März 2018 in der 21

… befinden wir UNS in der Energie des Auf-Bruchs und mit sich in den Tanz gehend …

Passt ja gut, Bewegung findet statt und die Krusten fallen ab, das Vermeiden wandelt sich in Aktion!

SchubKraft setzt nun ein und wandelt, was dringend schon lange im Schatten der Vermeidung nun sich ins Licht drängt.

Das Oktaeder ist ein heiliges Symbol und Kraftzeichen auch im Sinne von Luft sehr reinigend, da sich die

Energien nun in die höchsten Sphären ins göttliche Universum aufstreben - aufsteigen und Alles reinigen und ins strahlende Licht verwandeln!!

Glückskinder dieser Erde, die wir Alle sind, da wir Gottes Kinder sind, werden UNS diesem Glück nun wieder voll & ganz bewusst.

Dies ist der Segen des göttlichen Universum, was UNS nun wieder das Licht in der Liebe bewusst werden lässt.

"Liebe ist immer göttlich gewollt"
&
Altes Verbrauchtes darf nun vollendst gehen ... und sich auf-Lösen!

geChannelte Botschaft um 7:57!!

UND genau das bewirkt das Oktaeder nun auch …

siehe

"Heilige Geometrie von Jeanne Ruhland & Murat Karacay"

wie ich gerade nachgelesen habe, deckt sich das mit meinem Channeling!

Der heiße Draht mit dem Universum steht und es darf in höchsten Riegen kommuniziert werden …
Engelchen & Lichthelferleins

begleiten dich wohl und unterstützen dich nun bei deinen **VorHaben!**

Du bist immer im göttlichen Schutz deines Seins umhüllt von liebevollen Energien, die dich tragen und bei dir sind, wie einst Jesus auf die Welt kam um UNS die HerzÖffnung näher zu bringen nicht nur auf körperlicher sondern gerade auch auf geistiger - seelischer Ebene!!

geChannelt um 8:02 Uhr

Heute ein wunder-voller Tag um sich dessen einzuverleiben, denn Jesus stand auf von den Toten, um uns die Kraft, das Licht & die Liebe dadurch zu symbolisieren.

geChannelt um 8:03 Uhr

Im ewigen Kreislauf des SEINS

***Das Oktaeder ist dem
Luftzeichen zu geordent***

Reinigung
Lösungen
Aufsteigen

stammt aus dem Griechischen
und bedeutet Achtflächner und
findet sich in der Blume des
Lebens wider.

***ES findet sich in der
liegenden Acht und ist
mit dem göttlichen,
den vier
Himmelsrichtungen***

Kommunikation mit dem
göttlichen
Atem des Lebens durch
Lufteinströmung

"Heilige Geometrie" von Jeanne Ruland & Murat Karacay

Heidi Schirner & Markus Schirner Verlag bestellbar!

Richte dich nun aus im Geiste und lass diese herrliche Energie in dir durch Atmung zum fließen bringen.

Bete & Segne den Tag, die Natur, die Tier, die Welt und deine LieblingsMenschen und erfahre er-Lösung durch HerzÖffnung!!

Mögliche Affirmation:

Ich öffne mich - löse mich &
vertraue; göttlicher Segen wird
mir durch Botschaften aus den
höchsten Reichen zuteil und
erschafft innerlichen Frieden mit
Gott & der Welt!

Einen wunder-vollen HerzensTag
voller Licht & Liebe wünscht dir
deine dich liebende Claire <3

8:18

Kraft der Gefühle kommen in
Bewegung und setzen sich nun
um

*Der Weg ist das Ziel! – Konfuzius**

Praxis für Psychotherapie

Clarissa M. Seite

Heilpraktikerin für
Psychotherapie[HeilprG]
Suchtberaterin
Mediale Psychologische
Lebensberatung / Kartenlegungen

**TAROT / KIPPERKARTEN /
ENGEL / KRAFTTIERE
REIKI** – Meisterin / Lehrerin

**SCHREIBMEDIUM &
SPRECHMEDIUM**

"Pentagramm"

Heute am 17 Tag im März 2018
in der Meisterzahl 11

Heute in der Quinzessenz der 22

11 ~ 22

Die heutige 17 steht für

"Folge deinem Stern"

11 ~ 22

Folge deinem Herzen in der 22 und folge deinem Stern in der 17

Höre auf dein Herz und entfalte dich in deinem Licht (Stern) wie einst Erzengel Gabriel den Weg für die hl. drei Königinnen ausgeleuchtet hat und den Sohn / Tochter Gottes zu begegnen!

Erzengel Gabriel ist ja der LiebesEngel und zeigt dir durch seinen leuchtenden Stern (DavidStern) den Weg der Liebe

Das Pentagramm in der Geometrie, der heiligen Geometrie möchte dir genau das auch ver-mitteln.

HerzÖffnung!

Durch den Weg des Herzen
über den SeelenRuf wirst du im
Herzen gesund und heil!!

Genau das möchte dir das
"Pentagramm" auch mit-teilen
und dir ans HERZ legen …

Leuchte - Leuchte - Leuchte

durch

11 ~ 22

Leuchte deine Schatten bewusst
aus, um dein Licht leuchten zu
lassen!

ErHebe dich und lebe dein
Bewusstes Sein - lebe dein
ErdenLeben auf vollkommene
Weise in deiner Natur als
Mensch

Lebe ~ Liebe ~ EntFaltung pur

Lebe dich und deine Wünsche & Bedürfnisse im Sinne deines göttlichen SEINS …

Lebe deine Sinne, deine Sexualität im Einklang mit deinem BIO-Rhythmus ~

~ LebensZyklus ~

„männlich – weiblich

weiblich – männlich"

IN BALANCE

UnterDrücke dich nicht!

Sei DU das göttliche Wesen, dass DU bist und lebe DICH frei voller

LICHT ~ voller LIEBE ~ voller ENTFALUNG

Du bist und wirst immer geliebt und bist genau richtig in deinem göttlichen SEIN

Lebe dich in Balance & Maß

Ernähre dich gut - Fülle deinen Geist mit wertvollem Wissen und lebe deinen „*SeelenWEG* „voller Liebe & Licht.

Sei du dein wahrer Meister, der du schon immer warst & bist!

Somit werden Himmel & Erde zu EINS werden

Mögliche Affirmation:

Ich lebe mich in all meinen Bedürfnissen & Wünschen und halte voller Liebe & Licht die Balance

Ich löse - er-LÖSE mich von all den Süchten - Schatten - Begrenzungen - Blockaden & ver-GEBE mir durch Licht & Liebe

Wissen über das Pentagramm

Dieses Zeichen steht in der Venus, im VenusJahr 2018!

*Alle Acht Jahre zieht sie
die perfekte Linie
zwischen Sonne & Erde
und somit das
vollkommene
Pentagramm am
Firmament!*

*Weitere Infos über die
"Heilige Geometrie"*

über Schirner - Verlag

Jeanne Ruland

& Murat Karacay

Ein herzliches *DankeSchön* für dieses wunder-volle Kartendeck!!

In diesem Sinne wünsche ich euch ein wunder-volles VenusJahr im Pentagramm

2018 in der MeisterZahl 11

Das Pentagramm steht für mich in der 22

also

11 ~ 22

Love & Light & Joy im Einklang der Seele im Herzen wünscht

dir deine dich liebende Claire

Clarissa M. Seite

12. Buch in der 11 ~ 22

"Seelen ~ Entfaltung eines Erdenengels"

Erhältlich Ostern 2018

Wieder-Geburt / Auferstehung Jesus Christus

Voller Liebe ~ Voller Licht

11 ~ 22

Ende Channeling 9:38 am 17. 03 . 20 18

Der Weg ist das Ziel! – Konfuzius*

Praxis für
Psychotherapie

Clarissa M. Seite

**Heilpraktikerin für Psychotherapie[HeilprG]
Suchtberaterin
Mediale Psychologische
Lebensberatung /
Kartenlegungen**

*TAROT /
KIPPERKARTEN /
ENGEL / KRAFTTIERE
REIKI – Meisterin /
Lehrerin*

*SCHREIBMEDIUM &
SPRECHMEDIUM*

2 1 2

Zwei, die im

„EINZSEIN"

Zusammen sind!

Ich liebe DICH!!

Herstellung und Verlag:
BoD - Books on Demand, Norderstedt
ISBN 978-3-7460-6187-0